I0323968

www.ingramcontent.com/pod-product-compliance
Lightning Source LLC
Chambersburg PA
CBHW081220230426
43666CB00015B/2825
* 9 7 8 0 8 7 4 4 1 1 4 4 7 *

הִנְנִי

The New Hebrew Through Prayer 1

Family Companion

BLACK-LINE MASTERS

by Renée Frank Holtz

TABLE OF CONTENTS

Companion Chapter		*Hineni 1* Chapter
1	בָּרְכוּ	1
2	מַעֲרִיב עֲרָבִים	2
2	יוֹצֵר אוֹר	3
3	שְׁמַע	4
4	With All Your Heart :וְאָהַבְתָּ	5
4	You Shall Teach :וְאָהַבְתָּ	6
4	לְמַעַן תִּזְכְּרוּ	7
5	מִי כָמֹכָה	8
6	בְּרָכוֹת	9
6	בִּרְכַּת הַמָּזוֹן	10
6	בְּרָכוֹת שֶׁל מִצְוָה	11
7	בְּרָכוֹת שֶׁל שַׁבָּת	12
7	הַבְדָּלָה	13
8	בְּרָכוֹת שֶׁל רֹאשׁ הַשָּׁנָה	14
8	בְּרָכוֹת שֶׁל סֻכּוֹת	15
8	בְּרָכוֹת שֶׁל חֲנֻכָּה	16
8	בְּרָכוֹת שֶׁל פֶּסַח	17
9	Shabbat as a Memory of Creation :קִדּוּשׁ	18
9	Shabbat as an Inheritance :קִדּוּשׁ	19

Copyright © 2002 Behrman House, Inc.

Springfield, New Jersey
www.behrmanhouse.com

ISBN: 0-87441-144-0
Manufactured in the United States of America

Letter to Parents

Dear Parent,

Our class has just begun a new prayer program, *Hineni—The New Hebrew Through Prayer*. This year we'll be using Book 1, which teaches the opening prayers in the Shabbat morning service and blessings for the home, including Shabbat and the holidays. As we learn each prayer, we will duplicate and send home two sheets: a Student's Page and a Parent's Page that will allow you to help your child practice—even if you can't read Hebrew!

Each Student's Page contains:

- The prayer (or selections from the prayer), indicated by , in Hebrew.
- New vocabulary words from *Hineni 1*, in Hebrew and English.
- *Practice Reading Together*, a reading exercise with 20–40 Hebrew words.
- *Practice Makes Perfect*, a brief exercise to reinforce Hebrew reading, writing, and comprehension.

Each Parent's Page contains:

- The prayer, in Hebrew, transliteration, and English.
- The *Practice Reading Together* exercise in Hebrew and transliteration.
- One or two of the following:
  - *Helpful Hints*. Tips to help your child read Hebrew more fluently, and to understand many Hebrew reading rules (for example, why the word *b'mitzvotav*—בְּמִצְוֹתָיו—can be hard to read).
  - *Good to Think About*. Tidbits of information about the prayer (for example, why it's customary to light two candles on Shabbat).
  - *Discuss as a Family*. Thought questions, based on the prayer, for you to consider with your child (for example, why do you think the Torah tells us to celebrate Shabbat every week, rather than once a year?).

We hope you will enjoy helping your child take another step toward becoming Bar or Bat Mitzvah—and toward a lifetime of knowledge!

Sincerely,

www.behrmanhouse.com/family

STUDENT'S PAGE

בָּרְכוּ

Student's Name _____ **Parent's Signature** _____

בָּרְכוּ אֶת־יְיָ הַמְבֹרָךְ. בָּרוּךְ יְיָ הַמְבֹרָךְ לְעוֹלָם וָעֶד.

Vocabulary

praised, blessed	בָּרוּךְ	praise!	בָּרְכוּ
forever and ever	לְעוֹלָם וָעֶד	Adonai	יְיָ
		who is to be praised	הַמְבֹרָךְ

Practice Reading Together

1. אֶת אַתָּה אָהַב אֵין אָבִיךְ אָלֶף
2. וְהָיוּ וְנָתַן וָו וָעֶד וְאָהַב וְאַתָּה
3. לְאוֹת לְבָבְךָ לְטֹטָפֹת לְעוֹלָם לְהַדְלִיק לְהִתְעַטֵּף
4. הַמְבֹרָךְ בֵּרֵךְ בֶּרֶךְ בָּרְכוּ בַּת בַּר
5. ה' אֲדֹנָי יְיָ
6. בַּסֻּכָּה כָּמֹכָה כּוֹכָבִים כֶּסֶף כַּלָּה כָּבוֹד

Practice Makes Perfect

Connect the Hebrew words or phrases to the matching English.

praised, blessed	לְעוֹלָם וָעֶד
Adonai	יְיָ
who is to be praised	בָּרוּךְ
praise!	בָּרְכוּ
forever and ever	הַמְבֹרָךְ

Hineni 1 Family Companion

PARENT'S PAGE *Bar'chu* • בָּרְכוּ

בָּרְכוּ אֶת־יְיָ הַמְבֹרָךְ.

Bar'chu et-Adonai ham'vorach.
Praise Adonai, who is to be praised.

בָּרוּךְ יְיָ הַמְבֹרָךְ לְעוֹלָם וָעֶד.

Baruch Adonai ham'vorach l'olam va'ed.
Praised is Adonai, who is to be praised forever and ever.

Helpful Hints

It is easy to confuse *bar'chu*—בָּרְכוּ—with *baruch*—בָּרוּךְ. *Bar'chu,* meaning "bless" or "praise," is the first word and name of the prayer. *Baruch,* meaning "blessed" or "praised," begins the second line of the prayer. Both come from the same root: ברכ.

Practice Reading Together

1 אֶת אַתָּה אָהַב אֵין אָבִיךָ אָלֶף
alef avicha ein ahav atah et

2 וְהָיוּ וְנָתַן וָו וָעֶד וְאָהַב וְאַתָּה
v'atah v'ahav va'ed vav v'natan v'hayu

3 לְאוֹת לְבָבְךָ לְטֹטָפֹת לְעוֹלָם לְהַדְלִיק לְהִתְעַטֵּף
l'hitateif l'hadlik l'olam l'totafot l'vavcha l'ot

4 הַמְבֹרָךְ בֵּרַךְ בֶּרֶךְ בָּרְכוּ בַּת בַּר
bar bat bar'chu berech beirach ham'vorach

5 ה' אֲדֹנָי יְיָ
Adonai Adonai Adonai

6 בַּסֻּכָּה כָּמֹכָה כּוֹכָבִים כֶּסֶף כַּלָּה כָּבוֹד
kavod kalah kesef kochavim kamochah basukah

Discuss as a Family

Our tradition tells us that "all sacred acts require summoning." The leaders of the service do this with the first line of the *Bar'chu*—בָּרְכוּ; they summon us to prayer. When we respond, it is as if we say, "I am ready!" A person might also be summoned to dinner, to get ready for bed, or to come up and read from the Torah during services. With your child, think of times during the day when *you* are summoned. How are these times different than being summoned to a sacred act?

STUDENT'S PAGE

מַעֲרִיב עֲרָבִים

Student's Name _____   Parent's Signature _____

בָּרוּךְ אַתָּה, יְיָ אֱלֹהֵינוּ, מֶלֶךְ הָעוֹלָם, אֲשֶׁר בִּדְבָרוֹ מַעֲרִיב עֲרָבִים.

אֵל חַי וְקַיָּם, תָּמִיד יִמְלֹךְ עָלֵינוּ, לְעוֹלָם וָעֶד. בָּרוּךְ אַתָּה, יְיָ, הַמַּעֲרִיב עֲרָבִים.

Vocabulary

brings on the evening	מַעֲרִיב עֲרָבִים	and eternal	וְקַיָּם
living, lives	חַי	will rule	יִמְלֹךְ

Practice Reading Together

1. עָשָׂה   עֵץ   צוֹם   עֶרֶב   צְדָקָה   עָשָׂה
2. אֶת   אַתָּר   אֶחָד   אֲשֶׁר   אֱמֶת   אָמֵן
3. מִי   מָרוֹר   מַלְכָּה   מֶלֶךְ   מַחֲזוֹר   מִצְוֹתֶיךָ
4. הַמְבֹרָךְ   בֵּרַךְ   בֶּרֶךְ   בָּרוּךְ   בֵּיתְךָ   בָּחַר
5. מַצִּיל   מַעֲמָד   מַצָּה   מַעֲרִיב   מֵרָע   מַצְמִיחַ

Practice Makes Perfect

Find and circle the words that mean: *lives, will rule, and eternal, brings on the evening (2 words)*

מַ	עֲ	רִ	י	ב
בְּ	רֵ	מֶ	חַ	וְ
יְ	מְ	לֹ	ךְ	קַ
עֲ	כָ	חַ	גַ	יָ
עֲ	רָ	בִ	י	ם

Hineni 1 Family Companion

PARENT'S PAGE *Ma'ariv Aravim* • מַעֲרִיב עֲרָבִים

בָּרוּךְ אַתָּה, יְיָ אֱלֹהֵינוּ, מֶלֶךְ הָעוֹלָם, אֲשֶׁר בִּדְבָרוֹ מַעֲרִיב עֲרָבִים.

Baruch atah, Adonai Eloheinu, Melech ha'olam, asher bidvaro ma'ariv aravim.
Praised are You, Adonai our God, Ruler of the world, whose word brings on the evening.

אֵל חַי וְקַיָּם, תָּמִיד יִמְלֹךְ עָלֵינוּ, לְעוֹלָם וָעֶד. בָּרוּךְ אַתָּה, יְיָ, הַמַּעֲרִיב עֲרָבִים.

El ḥai v'kayam, tamid yimloch aleinu, l'olam va'ed. Baruch atah, Adonai, hama'ariv aravim.
May the living and eternal God rule over us always. Praised are You, Adonai, who brings on the evening.

Good to Think About

In ancient times, especially, night was a time of fear. The thought that God's hand caused night made people less frightened. The *Ma'ariv Aravim*—מַעֲרִיב עֲרָבִים—provided additional comfort that can be reassuring even today.

> *Praised are You, Adonai our God, Ruler of the world, whose word brings on the evening, who opens the gates with wisdom, who alters the times of the year with understanding, who changes the seasons and orders the stars in the sky…God creates day and night, removing light away from darkness and darkness away from light.*

Practice Reading Together

1. עָשָׂה עֵץ צוֹם עֶרֶב צְדָקָה עֹשֶׂה
   asah eitz tzom erev tz'dakah oseh
2. אֶת אֲתָר אֶחָד אֲשֶׁר אֱמֶת אָמֵן
   et atar eḥad asher emet amein
3. מִי מָרוֹר מַלְכָּה מֶלֶךְ מַחֲזוֹר מִצְוֹתֶיךָ
   mi maror malkah Melech maḥzor mitzvotecha
4. הַמְבֹרָךְ בֵּרַךְ בֶּרֶךְ בָּרוּךְ בֵּיתֶךָ בָּחַר
   ham'vorach beirach berech baruch beitecha baḥar
5. מַצִּיל מַעֲמָד מַצָּה מַעֲרִיב מֵרַע מַצְמִיחַ
   matzil ma'amad matzah ma'ariv meira matzmi'aḥ

Discuss as a Family

The *Ma'ariv Aravim* tells us that God's word "brings on the evening." Our words, too, can have a powerful effect. With your family, think about ways in which your words may affect one another's feelings.

STUDENT'S PAGE יוֹצֵר אוֹר 3

Student's Name ______________________ **Parent's Signature** ______________________

בָּרוּךְ אַתָּה, יְיָ אֱלֹהֵינוּ, מֶלֶךְ הָעוֹלָם, יוֹצֵר אוֹר וּבוֹרֵא חֹשֶׁךְ,
עֹשֶׂה שָׁלוֹם וּבוֹרֵא אֶת הַכֹּל.
בָּרוּךְ אַתָּה, יְיָ, יוֹצֵר הַמְּאוֹרוֹת.

Vocabulary

יוֹצֵר	forms
אוֹר	light
וּבוֹרֵא	and creates
חֹשֶׁךְ	darkness
עֹשֶׂה	makes
שָׁלוֹם	peace
הַכֹּל	all things, everything

Practice Reading Together

1 יִשְׂרָאֵל יוֹם יוֹצֵא יוֹצֵר יַיִן יוֹרֶה

2 הַמְּאוֹרוֹת אֲדוֹן אֲשֶׁר אוֹר אֶרֶץ אֶחָד

3 בַּמֶּה בָּנָה בָּרָא בּוֹרֵא בְּרֹאשׁ בְּרֹב

4 חֲשׁוּבָה חֲנֻכָּה חַי חֹשֶׁךְ חֶסֶד חָמֵץ

5 כְּלָל כָּבוֹד כָּמֹכָה כֹּל כִּפָּה וּכְתַבְתָּם

Practice Makes Perfect

Write, in Hebrew, whether the following activities occur during the אוֹר or during the חֹשֶׁךְ.

bike riding ______________ going to bed ______________ lunch ______________

stargazing ______________ midnight snacking ______________ school ______________

napping ______________ planting a tree ______________ breakfast ______________

PARENT'S PAGE Yotzeir Or • יוֹצֵר אוֹר

בָּרוּךְ אַתָּה, יְיָ אֱלֹהֵינוּ, מֶלֶךְ הָעוֹלָם, יוֹצֵר אוֹר וּבוֹרֵא חֹשֶׁךְ,
עֹשֶׂה שָׁלוֹם וּבוֹרֵא אֶת הַכֹּל.

Baruch atah, Adonai Eloheinu, Melech ha'olam, yotzeir or uvorei ḥoshech, oseh shalom uvorei et hakol.
Praised are You, Adonai our God, Ruler of the world, who forms light and creates darkness, who makes peace and creates all things.

בָּרוּךְ אַתָּה, יְיָ, יוֹצֵר הַמְּאוֹרוֹת.

Baruch atah, Adonai, yotzeir ham'orot.
Praised are You, Adonai, who forms the light.

Good to Think About

The *Ma'ariv Aravim* and *Yotzeir Or* may be thought of as "partner prayers." The *Ma'ariv Aravim* praises God for creating the twilight followed by darkness. The *Yotzeir Or* praises God for creating the morning light and renewed energy.

Practice Reading Together

1 יִשְׂרָאֵל יוֹם יוֹצֵא יוֹצֵר יַיִן יוֹרֶה
yoreh yayin yotzer yotzei yom yisra'eil

2 הַמְּאוֹרוֹת אֲדוֹן אֲשֶׁר אוֹר אֶרֶץ אֶחָד
eḥad eretz or asher Adon ham'orot

3 בַּמֶּה בָּנָה בָּרָא בּוֹרֵא בְּרֹאשׁ בְּרֹב
b'rov b'rosh borei bara banah bameh

4 חֲשׁוּבָה חֲנֻכָּה חַי חֹשֶׁךְ חֶסֶד חָמֵץ
ḥameitz ḥesed ḥoshech ḥai ḥanukah ḥashuvah

5 כְּלָל כָּבוֹד כָּמֹכָה כֹּל כִּפָּה וּכְתַבְתָּם
uch'tavtam kipah kol kamochah kavod k'lal

Discuss as a Family

Even though the *Yotzeir Or*—יוֹצֵר אוֹר—teaches us that God makes peace, tradition also tells us that we must seek and pursue peace ourselves. Discuss ways that you can help make peace with someone in your family, in your workplace, and in your classroom.

Student's Name ______________________ **Parent's Signature** ______________________

שְׁמַע יִשְׂרָאֵל: יְיָ אֱלֹהֵינוּ, יְיָ אֶחָד.

Vocabulary

hear	שְׁמַע	our God	אֱלֹהֵינוּ
Israel	יִשְׂרָאֵל	one	אֶחָד
Adonai	יְיָ		

Practice Reading Together

1 שִׁבְחוֹ שַׁבָּת שֵׁם שָׁנָה שׁוֹפָר שִׂמְחַת

2 מֹשֶׁה נִשְׁמָע שְׁמוֹ שָׁמַע שַׁמָּשׁ שְׁמַע

3 יָדְךָ יוֹצֵר יוֹם יִשְׂרָאֵל יְרוּשָׁלַיִם יְצִיאַת

4 עֶרֶב עֵץ אוֹר אֶחָד עֲשֶׂרֶת

5 מַלְכֵּנוּ מַלְכָּה מַלְכוּת מֶלֶךְ מַלְכוּתוֹ מָלָךְ

6 אָנֹכִי אֶתְכֶם כָּמֹכָה כָּבוֹד זְכוּת זִכָּרוֹן

Practice Makes Perfect

Complete each sentence by using the following words:

יְיָ אֶחָד שְׁמַע יִשְׂרָאֵל

Judaism teaches that God is ______________________.

The word ______________________ means "hear" and also "listen."

An abbreviated form of God's name is ______________________.

As a group, Jews are often called "the Children of ______________________."

PARENT'S PAGE
Sh'ma • שְׁמַע

שְׁמַע יִשְׂרָאֵל: יְיָ אֱלֹהֵינוּ, יְיָ אֶחָד.

Sh'ma yisra'eil: Adonai Eloheinu, Adonai eḥad.
Hear O Israel: Adonai is our God, Adonai is One.

Helpful Hints

The Hebrew ending *nu*—נוּ—means "us" or "our." It can make the word for God, *Elohim*—אֱלֹהִים—into "our God," *Eloheinu*—אֱלֹהֵינוּ.

Good to Think About

The words *Adonai Eloheinu, Adonai eḥad*—יְיָ אֱלֹהֵינוּ, יְיָ אֶחָד—are usually translated as "Adonai is our God, Adonai is One," but can also be translated as "Adonai is our God, *only* Adonai," or "Adonai is our God, Adonai *alone*."

Practice Reading Together

1 שִׁבְחוּ שַׁבָּת שָׁם שָׁנָה שׁוֹפָר שִׂמְחַת
shibḥu shabat sham shanah shofar simḥat

2 מֹשֶׁה נִשְׁמָע שְׁמוֹ שָׁמֹעַ שַׁמָּשׁ שְׁמַע
mosheh nishma sh'mo shamo'a shamash sh'ma

3 יָדְךָ יוֹצֵר יוֹם יִשְׂרָאֵל יְרוּשָׁלַיִם יְצִיאַת
yadecha yotzeir yom yisra'eil y'rushalayim y'tzi'at

4 עֶרֶב עֵץ אוֹר אֶחָד עֲשֶׂרֶת
erev eitz or eḥad aseret

5 מַלְכֵּנוּ מַלְכָּה מַלְכוּת מֶלֶךְ מַלְכוּתוֹ מָלַךְ
Malkeinu malkah malchut Melech malchuto malach

6 אָנֹכִי אֶתְכֶם כָּמֹכָה כָּבוֹד זְכוּת זִכָּרוֹן
anochi etchem kamochah kavod z'chut zikaron

וְאָהַבְתָּ

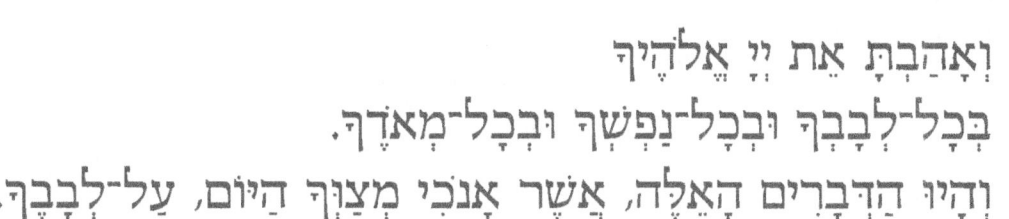

With All Your Heart

5

Student's Name ______________________ **Parent's Signature** ______________________

וְאָהַבְתָּ אֵת יְיָ אֱלֹהֶיךָ
בְּכָל־לְבָבְךָ וּבְכָל־נַפְשְׁךָ וּבְכָל־מְאֹדֶךָ.
וְהָיוּ הַדְּבָרִים הָאֵלֶּה, אֲשֶׁר אָנֹכִי מְצַוְּךָ הַיּוֹם, עַל־לְבָבֶךָ.

Vocabulary

you shall love	וְאָהַבְתָּ
your heart	לְבָבְךָ
the words	הַדְּבָרִים

Practice Reading Together

1 וְאָהַבְתָּ אָהַב לְאַהֲבָה אֲהַבְתָּנוּ אַהֲבָה אַהֲבַת

2 אֱלֹהֶיךָ אֱלֹהִים אֱלֹהֵינוּ אֱלֹהֵיכֶם לֵאלֹהֵיכֶם לֵאלֹהִים

3 מַלְכֵּנוּ מַחְזוֹר מַלְכָּה מֶלֶךְ מַלְכוּת מָלַךְ

4 הַדְּבָרִים הָיוּ הַיּוֹם הָאֵלֶּה וְהָיָה הִשָּׁמְרוּ

5 אָנֹכִי אֶתְכֶם אָהַבְתָּ מִצְוָה מְצַוְּךָ מִצְוֹת

Practice Makes Perfect

In the line of Hebrew below, find and circle the words that mean: *the words, you shall love, your heart.* Then write them in the spaces below.

וְאָהַבְתָּפּוּטֶאֱרֵקַמֶאֱהָהַדְּבָרִיםרַקֻלְבָבְךָטָפִּהִבְּל

the words ______________________

you shall love ______________________

your heart ______________________

V'ahavta • וְאָהַבְתָּ

With All Your Heart

וְאָהַבְתָּ אֵת יְיָ אֱלֹהֶיךָ

V'ahavta eit Adonai Elohecha
You shall love Adonai, your God,

בְּכָל־לְבָבְךָ וּבְכָל־נַפְשְׁךָ וּבְכָל־מְאֹדֶךָ.

b'chol-l'vavcha uv'chol-nafsh'cha, uv'chol-m'odecha.
with all your heart, and with all your soul, and with all your might.

וְהָיוּ הַדְּבָרִים הָאֵלֶּה, אֲשֶׁר אָנֹכִי מְצַוְּךָ הַיּוֹם, עַל־לְבָבֶךָ.

V'hayu had'varim ha'eileh, asher anochi m'tzavcha hayom, al-l'vavecha.
Set these words, which I command you this day, upon your heart.

Helpful Hints

The Hebrew suffix ךָ means "your." The *V'ahavta* tells us to love God with all your heart (לְבָבְךָ), with all your soul (נַפְשְׁךָ), and with all your might (מְאֹדֶךָ).

Practice Reading Together

1	וְאָהַבְתָּ *v'ahavta*	אָהַב *ahav*	לְאַהֲבָה *l'ahavah*	אֲהַבְתָּנוּ *ahavtanu*	אַהֲבָה *ahavah*	אַהֲבַת *ahavat*
2	אֱלֹהֶיךָ *Elohecha*	אֱלֹהִים *Elohim*	אֱלֹהֵינוּ *Eloheinu*	אֱלֹהֵיכֶם *Eloheichem*	לֵאלֹהֵיכֶם *leiloheichem*	לֵאלֹהִים *leilohim*
3	מַלְכֵּנוּ *Malkeinu*	מַחְזוֹר *maḥzor*	מַלְכָּה *malkah*	מֶלֶךְ *Melech*	מַלְכוּת *malchut*	מָלַךְ *malach*
4	הַדְּבָרִים *had'varim*	הָיוּ *hayu*	הַיּוֹם *hayom*	הָאֵלֶּה *ha'eileh*	וְהָיָה *v'hayah*	הִשָּׁמְרוּ *hisham'ru*
5	אָנֹכִי *anochi*	אֶתְכֶם *etchem*	אָהַבְתָּ *ahavta*	מִצְוָה *mitzvah*	מְצַוְּךָ *m'tzav'cha*	מִצְוֹת *mitzvot*

Discuss as a Family

What does it mean to "set these words…upon your heart"? How might setting words on your heart be different than simply saying them? Think of things you say that are important enough to set "upon your heart."

STUDENT'S PAGE

6 וְאָהַבְתָּ

And You Shall Teach

Student's Name ______________________ **Parent's Signature** ______________________

וְשִׁנַּנְתָּם לְבָנֶיךָ, וְדִבַּרְתָּ בָּם בְּשִׁבְתְּךָ בְּבֵיתֶךָ,
וּבְלֶכְתְּךָ בַדֶּרֶךְ, וּבְשָׁכְבְּךָ וּבְקוּמֶךָ.
וּקְשַׁרְתָּם לְאוֹת עַל־יָדֶךָ, וְהָיוּ לְטֹטָפֹת בֵּין עֵינֶיךָ.
וּכְתַבְתָּם עַל־מְזֻזוֹת בֵּיתֶךָ וּבִשְׁעָרֶיךָ.

Vocabulary

as a sign	לְאוֹת
mezuzot	מְזֻזוֹת
your house	בֵּיתֶךָ

Practice Reading Together

1 לִבְנֵי לְאוֹת לְטֹטָפֹת לְבָבְךָ לְבָנֶיךָ לְאַהֲבָה
2 עַל־יָדֶךָ עַל־מְזֻזוֹת עֵינֶיךָ עַיִן עֵץ עָשָׂה
3 מְזֻזוֹת מְצַוְּךָ מַעֲרִיב מְזוּזָה מִצְוָה מַצָּה
4 בֵּיתֶךָ בְּבֵיתֶךָ בְּבֵית בְּמִצְוֹתֶיךָ בְּצֵאתְךָ בְּנֵיכֶם
5 מֶלֶךְ כָּמוֹךָ בָּנֶיךָ עִמְּךָ בָּרוּךְ לְבָבֶךָ

Practice Makes Perfect

Fill in the missing letter.

בְּ_יתֶךָ　　　וּקְשַׁ_תָּם
מְ_זוֹת　　　וּבְלֶכְתְּ_
לְ_וֹת　　　_בִשְׁעָרֶיךָ

V'ahavta • וְאָהַבְתָּ

And You Shall Teach

וְשִׁנַּנְתָּם לְבָנֶיךָ, וְדִבַּרְתָּ בָּם בְּשִׁבְתְּךָ בְּבֵיתֶךָ, וּבְלֶכְתְּךָ בַדֶּרֶךְ,

V'shinantam l'vanecha, v'dibarta bam b'shivt'cha b'veitecha, uvlecht'cha vaderech,

Teach them to your children, and speak of them when you are at home, and when you go on your way,

וּבְשָׁכְבְּךָ וּבְקוּמֶךָ. וּקְשַׁרְתָּם לְאוֹת עַל־יָדֶךָ,

uv'shochb'cha uv'kumecha. Ukshartam l'ot al-yadecha,

and when you lie down, and when you get up. Bind them as a sign upon your hand,

וְהָיוּ לְטֹטָפֹת בֵּין עֵינֶיךָ. וּכְתַבְתָּם עַל־מְזֻזוֹת בֵּיתֶךָ וּבִשְׁעָרֶיךָ.

v'hayu l'totafot bein einecha. Uchtavtam al-m'zuzot beitecha uvisharecha.

and let them be symbols between your eyes. Write them on the doorposts of your house and on your gates.

Helpful Hints

The prefix בְּ usually means "in." Unlike in English, in Hebrew the prefix joins with the word that follows to become one word. For example, *b'veitecha*—בְּבֵיתֶךָ (in your house).

Practice Reading Together

1	לִבְנֵי *livnei*	לְאוֹת *l'ot*	לְטֹטָפֹת *l'totafot*	לְבָבְךָ *l'vavcha*	לְבָנֶיךָ *l'vanecha*	לְאַהֲבָה *l'ahavah*
2	עַל־יָדֶךָ *al-yadecha*	עַל־מְזֻזוֹת *al-m'zuzot*	עֵינֶיךָ *einecha*	עַיִן *ayin*	עֵץ *eitz*	עָשָׂה *asah*
3	מְזֻזוֹת *m'zuzot*	מְצַוְּךָ *m'tzav'cha*	מַעֲרִיב *ma'ariv*	מְזוּזָה *m'zuzah*	מִצְוָה *mitzvah*	מַצָּה *matzah*
4	בֵּיתֶךָ *beitecha*	בְּבֵיתֶךָ *b'veitecha*	בְּבֵית *b'veit*	בְּמִצְוֹתֶיךָ *b'mitzvotecha*	בְּצֵאתֶךָ *b'tzeitecha*	בְּנֵיכֶם *b'neichem*
5	מֶלֶךְ *Melech*	כָּמוֹךָ *kamocha*	בָּנֶיךָ *banecha*	עִמְּךָ *imcha*	בָּרוּךְ *baruch*	לְבָבֶךָ *l'vavecha*

Discuss as a Family

The *V'ahavta*—וְאָהַבְתָּ—provides us with four settings in which to teach our children the words of Torah: at home and away from home, when we lie down and when we rise up. In your family, which are the best places for you to learn together? Which are the best times?

7 STUDENT'S PAGE לְמַעַן תִּזְכְּרוּ

Student's Name ______________________ **Parent's Signature** ______________________

לְמַעַן תִּזְכְּרוּ וַעֲשִׂיתֶם אֶת־כָּל־מִצְוֹתָי, וִהְיִיתֶם קְדֹשִׁים
לֵאלֹהֵיכֶם. אֲנִי יְיָ אֱלֹהֵיכֶם, אֲשֶׁר הוֹצֵאתִי אֶתְכֶם מֵאֶרֶץ
מִצְרַיִם לִהְיוֹת לָכֶם לֵאלֹהִים.
אֲנִי יְיָ אֱלֹהֵיכֶם.

Practice Reading Together

1 אֱלֹהֵיכֶם הוֹצֵאתִי לֵאלֹהֵיכֶם מֵאֶרֶץ אֲשֶׁר אֶתְכֶם
2 לֵאלֹהִים לָכֶם לִהְיוֹת יְיָ מִצְרַיִם אַרְצְכֶם
3 אֱלֹהֵינוּ וּמִבֵּית מִמִּצְרַיִם גְּאַלְתָּנוּ פְּדִיתָנוּ עֲבָדִים
4 עֶלְיוֹן לְאֵל מֹשֶׁה וּמְבֹרָךְ וּבְנֵי תְּהִלּוֹת
5 עָנוּ לְךָ כֻּלָּם יִשְׂרָאֵל בְּשִׂמְחָה וְאָמְרוּ

Practice Makes Perfect

Fill in the missing Hebrew words.

וִהְיִיתֶם קְדֹשִׁים ____________________.

אֲנִי יְיָ ____________________.

אֶתְכֶם מֵאֶרֶץ ____________________.

לִהְיוֹת לָכֶם ____________________.

PARENT'S PAGE *L'ma'an Tizk'ru* • לְמַעַן תִּזְכְּרוּ

לְמַעַן תִּזְכְּרוּ וַעֲשִׂיתֶם אֶת־כָּל־מִצְוֺתָי, וִהְיִיתֶם קְדֹשִׁים לֵאלֹהֵיכֶם.

L'ma'an tizk'ru va'asitem et-kol-mitzvotai, vihyitem k'doshim leiloheichem.
Remember all my mitzvot and do them, and you will be holy before your God.

אֲנִי יְיָ אֱלֹהֵיכֶם, אֲשֶׁר הוֹצֵאתִי אֶתְכֶם מֵאֶרֶץ מִצְרַיִם לִהְיוֹת לָכֶם לֵאלֹהִים.

Ani Adonai Eloheichem, asher hotzeiti etchem mei'eretz mitzrayim lihyot lachem leilohim.
I am Adonai your God, who brought you out of the land of Egypt to be your God.

אֲנִי יְיָ אֱלֹהֵיכֶם.

Ani Adonai Eloheichem.
I am Adonai your God.

Helpful Hints

God's name is spelled with these four Hebrew letters: יהוה. But is often written as יְיָ. In either case, we do not try to pronounce the name, but instead say *Adonai,* which literally means "My Lord," or *Hashem,* which means "the Name."

Practice Reading Together

1 אֱלֹהֵיכֶם הוֹצֵאתִי לֵאלֹהֵיכֶם מֵאֶרֶץ אֲשֶׁר אֶתְכֶם
Eloheichem hotzeiti leiloheichem mei'eretz asher etchem

2 לֵאלֹהִים לָכֶם לִהְיוֹת יְיָ מִצְרַיִם אַרְצְכֶם
leilohim lachem lihyot Adonai mitzrayim artz'chem

3 אֱלֹהֵינוּ וּמִבֵּית מִמִּצְרַיִם גְּאַלְתָּנוּ פְּדִיתָנוּ עֲבָדִים
Eloheinu umibeit mimitzrayim g'altanu p'ditanu avadim

4 עֶלְיוֹן לְאֵל מֹשֶׁה וּמְבֹרָךְ וּבְנֵי תְּהִלּוֹת
elyon l'eil mosheh um'vorach u'vnei t'hilot

5 עָנוּ לְךָ כֻּלָּם יִשְׂרָאֵל בְּשִׂמְחָה וְאָמְרוּ
anu l'cha chulam yisra'eil b'simḥah v'am'ru

Discuss as a Family

The Haggadah tells us that during Passover each of us should imagine that we were among the slaves who were set free from Egypt. With your family, discuss how it might have felt to experience freedom after a lifetime of slavery.

מִי כָמֹכָה 8

Student's Name ____________________ **Parent's Signature** ____________________

מִי־כָמֹכָה בָּאֵלִם, יְיָ?
מִי כָּמֹכָה, נֶאְדָּר בַּקֹּדֶשׁ,
נוֹרָא תְהִלֹּת, עֹשֵׂה פֶלֶא?

Vocabulary

מִי	who
כָמֹכָה, כָּמֹכָה	like You
בָּאֵלִם	among the gods [other nations worship]
יְיָ	Adonai
נֶאְדָּר	majestic
בַּקֹּדֶשׁ	in (the) holiness

Practice Reading Together

1 מִי מַלְכוּת מְזוּזוֹת מֶלֶךְ מַחְזוֹר מִצְוֹתֶיךָ
2 כָמֹכָה כָּמֹכָה כְּמוֹ כָּבוֹד כַּכָּתוּב בִּכּוּרֵי
3 נֶאְדָּר אֲדָר נֵר נֵרוֹת נִיסָן נְקָבִים
4 בַּקֹּדֶשׁ קֹדֶשׁ קָדוֹשׁ קַדִּישׁ קְדוּשָּׁה נְקַדֵּשׁ
5 תְהִלֹּת תְּפִלָּה תְּפִלַּת הַתִּקְוָה קְהִילָּה טוֹטָפֹת

Practice Makes Perfect

Sometimes a *dagesh* (dot inside a letter) changes the sound of the letter, and sometimes it does not. Circle each letter whose sound is changed by the *dagesh*. Box each letter whose sound is not changed by the *dagesh*.

מִי־כָמֹכָה בָּאֵלִם, יְיָ?
מִי כָּמֹכָה, נֶאְדָּר בַּקֹּדֶשׁ,
נוֹרָא תְהִלֹּת, עֹשֵׂה פֶלֶא?

PARENT'S PAGE Mi Chamochah • מִי כָמֹכָה

מִי־כָמֹכָה בָּאֵלִם, יְיָ?

Mi-chamochah ba'eilim, Adonai?
Who is like You among the gods [other nations worship], Adonai?

מִי כָּמֹכָה, נֶאְדָּר בַּקֹּדֶשׁ,

Mi-kamochah, nedar bakodesh,
Who is like You, majestic in (the) holiness,

נוֹרָא תְהִלֹּת, עֹשֵׂה פֶלֶא?

nora t'hilot, oseih fele?
Awesome in splendor, doing wonders?

Good to Think About

The Torah tells us that Pharaoh's army chased the Children of Israel through the parted waters of the Sea of Reeds, then the waters collapsed upon the Egyptians. Realizing that they were finally free, the Children of Israel burst into a song of thanks to God. *Mi Chamochah* is part of that song.

Practice Reading Together

1 מִי מַלְכוּת מְזוּזוֹת מֶלֶךְ מַחְזוֹר מִצְוֹתֶיךָ
mitzvotecha mahzor Melech m'zuzot malchut mi

2 כָמֹכָה כָּמֹכָה כְּמוֹ כָּבוֹד כַּכָּתוּב בְּכוֹרֵי
b'chorei kakatuv kavod k'mo kamochah chamochah

3 נֶאְדָּר אֲדָר נֵר נֵרוֹת נִיסָן נְקָבִים
n'kavim nisan neirot neir adar nedar

4 בַּקֹּדֶשׁ קֹדֶשׁ קִדּוּשׁ קַדִּישׁ קְדוּשָּׁה נְקַדֵּשׁ
n'kadeish k'dushah kadish kidush kodesh bakodesh

5 תְהִלֹּת תְּפִלָּה תְּפִלַּת הַתִּקְוָה קְהִלָּה טוֹטָפֹת
totafot k'hilah hatikvah t'filat t'filah t'hilat

Discuss as a Family

The crossing of the Sea of Reeds was a wonder, a miracle. What are some of the wonders that you see every day? Compare your reaction to how you think the Israelites reacted as they crossed the Sea of Reeds.

STUDENT'S PAGE

בְּרָכוֹת

Student's Name _____ **Parent's Signature** _____

בָּרוּךְ אַתָּה, יְיָ אֱלֹהֵינוּ, מֶלֶךְ הָעוֹלָם...

Vocabulary

our God	אֱלֹהֵינוּ	praised, blessed	בָּרוּךְ
ruler	מֶלֶךְ	you	אַתָּה
the world	הָעוֹלָם	Adonai	יְיָ

Practice Reading Together

1. בָּרוּךְ בֵּרֵךְ בְּרָכוֹת בָּרְכוּ בִּרְכַּת בְּרָכָה
2. יְיָ יִזְכֹּר יָתוֹם יוֹצֵר יִשְׂרָאֵל יְצִיאַת
3. אֲדוֹנֵנוּ אֱלֹהֶיךָ אֲדֹנָי אֱלֹהֵינוּ ה׳ אֱלֹהִים
4. מֶלֶךְ מַלְכוּתוֹ מָלָךְ מַלְכוּת מַלְכָּה מַלְכֵּנוּ
5. הָעוֹלָם הַמְבֹרָךְ הַמּוֹצִיא הַדְּבָרִים לְהִתְעַנֵּג
6. מְאֹדֶךָ לְבָבְךָ יָדֶךָ מִזְבֵּחַ שִׁבְחוּ

Practice Makes Perfect

Write the following words in the correct order on the line below.

אֱלֹהֵינוּ יְיָ אַתָּה הָעוֹלָם בָּרוּךְ מֶלֶךְ

Hineni 1 Family Companion

PARENT'S PAGE
B'rachot • בְּרָכוֹת

בָּרוּךְ אַתָּה, יְיָ אֱלֹהֵינוּ, מֶלֶךְ הָעוֹלָם...

Baruch atah, Adonai Eloheinu, Melech ha'olam...

Praised are You, Adonai our God, Ruler of the world...

Helpful Hints

The word *Eloheinu*—אֱלֹהֵינוּ—means "our God." Although we sometimes recite *b'rachot*—בְּרָכוֹת—by ourselves, we include our ancestors and our community in our prayers.

Practice Reading Together

1 בָּרוּךְ בֶּרֶךְ בְּרָכוֹת בָּרְכוּ בִּרְכַּת בְּרָכָה

baruch berech b'rachot bar'chu birkat b'rachah

2 יְיָ יִזְכֹּר יָתוֹם יוֹצֵר יִשְׂרָאֵל יְצִיאַת

Adonai yizkor yatom yotzeir yisra'eil y'tzi'at

3 אֲדוֹנֵנוּ אֱלֹהֶיךָ אֲדֹנָי אֱלֹהֵינוּ ה׳ אֱלֹהִים

Adoneinu Elohecha Adonai Eloheinu Adonai Elohim

4 מֶלֶךְ מַלְכוּתוֹ מָלָךְ מַלְכוּת מַלְכָּה מַלְכֵּנוּ

Melech malchuto malach malchut malkah Malkeinu

5 הָעוֹלָם הַמְבֹרָךְ הַמּוֹצִיא הַדְּבָרִים לְהִתְעַנֵּג

ha'olam ham'vorach hamotzi had'varim l'hitaneig

6 מְאֹדֶךָ לְבָבְךָ יָדֶךָ מִזְבֵּחַ שִׁבְחוֹ

m'odecha l'vavcha yadecha mizbei'aḥ shib'ḥu

Discuss as a Family

Our sages say that Jews should say at least 100 *b'rachot* each day! How many things happened today for which you could say a *b'rachah*? Make a list as a family and discuss your choices.

STUDENT'S PAGE

בִּרְכַּת הַמָּזוֹן — 10

Student's Name _____ **Parent's Signature** _____

בָּרוּךְ אַתָּה, יְיָ אֱלֹהֵינוּ, מֶלֶךְ הָעוֹלָם,
הַזָּן אֶת הָעוֹלָם כֻּלּוֹ בְּטוּבוֹ,
בְּחֵן בְּחֶסֶד וּבְרַחֲמִים.
הוּא נוֹתֵן לֶחֶם לְכָל בָּשָׂר, כִּי לְעוֹלָם חַסְדּוֹ.
וּבְטוּבוֹ הַגָּדוֹל תָּמִיד לֹא חָסַר לָנוּ,
וְאַל יֶחְסַר לָנוּ מָזוֹן לְעוֹלָם וָעֶד.

Practice Reading Together

1. מְבָרֵךְ בְּטוּבוֹ הָעוֹלָם בְּחֶסֶד כֻּלּוֹ וּבְרַחֲמִים
2. לֶחֶם נוֹתֵן בָּשָׂר חַסְדּוֹ לְעוֹלָם לְכָל
3. וּבְטוּבוֹ הַגָּדוֹל תָּמִיד לֹא חָסַר לָנוּ
4. בְּרִיּוֹתָיו וּמֵטִיב וּמֵכִין אֲשֶׁר בִּרְכַּת בָּרָא

Practice Makes Perfect

In the *Birkat Hamazon*, we thank God for many gifts. In the spaces below, complete the Hebrew words for some of those gifts.

בְּחֵן בְּ_____ (kindness) וּבְ_____ (compassion)

הוּא נוֹתֵן _____ (bread) לְכָל בָּשָׂר

וְאַל יֶחְסַר לָנוּ _____ (sustenance) לְעוֹלָם וָעֶד

Hineni 1 Family Companion

בָּרוּךְ אַתָּה, יְיָ אֱלֹהֵינוּ, מֶלֶךְ הָעוֹלָם, הַזָּן אֶת הָעוֹלָם כֻּלּוֹ בְּטוּבוֹ,

Baruch atah, Adonai Eloheinu, Melech ha'olam, hazan et ha'olam kulo b'tuvo,

Praised are You, Adonai, our God, Ruler of the world, who sustains the world with goodness,

בְּחֵן בְּחֶסֶד וּבְרַחֲמִים.

b'ḥein b'ḥesed uv'raḥamim.

with kindness, and with compassion.

הוּא נוֹתֵן לֶחֶם לְכָל בָּשָׂר, כִּי לְעוֹלָם חַסְדּוֹ.

Hu notein leḥem l'chol basar, ki l'olam ḥasdo.

God provides bread for all creatures, as God's love endures forever.

וּבְטוּבוֹ הַגָּדוֹל תָּמִיד לֹא חָסַר לָנוּ, וְאַל יֶחְסַר לָנוּ מָזוֹן לְעוֹלָם וָעֶד.

Uv'tuvo hagadol tamid lo ḥasar lanu, v'al yeḥsar lanu mazon l'olam va'ed.

Through God's abundant goodness we have not lacked sustenance, and may we not lack sustenance forever.

Good to Think About

The prayer we say before meals, *Hamotzi*—הַמּוֹצִיא—is only one sentence long. The prayer after meals, *Birkat Hamazon*—בִּרְכַּת הַמָּזוֹן—is much longer. Our sages tell us that we say a short prayer before we eat because we are so eager to get to the meal. But afterward, when we are full, we can take the time to thank God more completely.

Practice Reading Together

1 מְבֹרָךְ בְּטוּבוֹ הָעוֹלָם בְּחֶסֶד כֻּלּוֹ וּבְרַחֲמִים

uv'raḥamim kulo b'ḥesed ha'olam b'tuvo m'vorach

2 לֶחֶם נוֹתֵן בָּשָׂר חַסְדּוֹ לְעוֹלָם לְכָל

l'chol l'olam ḥasdo basar notein leḥem

3 וּבְטוּבוֹ הַגָּדוֹל תָּמִיד לֹא חָסַר לָנוּ

lanu ḥasar lo tamid hagadol uv'tuvo

4 בְּרִיּוֹתָיו וּמֵטִיב וּמֵכִין אֲשֶׁר בִּרְכַּת בָּרָא

bara birkat asher umeichin umeitiv b'riyotav

STUDENT'S PAGE

בִּרְכוֹת שֶׁל מִצְוָה

Student's Name _____ Parent's Signature _____

בָּרוּךְ אַתָּה, יְיָ אֱלֹהֵינוּ, מֶלֶךְ הָעוֹלָם, אֲשֶׁר קִדְּשָׁנוּ בְּמִצְוֹתָיו וְצִוָּנוּ...

Vocabulary

who	אֲשֶׁר
makes us holy	קִדְּשָׁנוּ
with God's commandments	בְּמִצְוֹתָיו
and commands us	וְצִוָּנוּ

Practice Reading Together

1. אֲשֶׁר אַשְׁרֵי עָלֶיהָ אַהֲבָה וְלַעֲשׂוֹת אָדוֹן
2. בְּמִצְוֹתָיו מִצְוֹת מִצְוָה מִצְוֹתַי מַצָּה מָצוּךְ
3. וְצִוָּנוּ צִוָּה יְצִיאַת צוּר בְּצֵאת צוּרֵנוּ
4. בְּמִצְוֹתֶיךָ לְבָבֶךָ יִמְלֹךְ הַמְבֹרָךְ בֵּיתֶךָ חֹשֶׁךְ
5. אֶחָד וּכְתַבְתָּם דּוֹר הַדְּבָרִים כָּבוֹד רַבָּה
6. עֵינֵינוּ עָלֵינוּ הָאָרֶץ צִיצִית עֵץ עָשָׂה

Practice Makes Perfect

Write the Hebrew words that mean the following:

and commands us _____

who _____

makes us holy _____

with God's commandments _____

Hineni 1 Family Companion

PARENT'S PAGE *B'rachot shel Mitzvah* • בְּרָכוֹת שֶׁל מִצְוָה

בָּרוּךְ אַתָּה, יְיָ אֱלֹהֵינוּ, מֶלֶךְ הָעוֹלָם,

Baruch atah, Adonai Eloheinu, Melech ha'olam,
Praised are You, Adonai our God, Ruler of the world,

אֲשֶׁר קִדְּשָׁנוּ בְּמִצְוֺתָיו וְצִוָּנוּ...

asher kid'shanu b'mitzvotav v'tzivanu...
who makes us holy with commandments and commands us...

Helpful Hints

The word *b'mitzvotav*—בְּמִצְוֺתָיו—can be hard to read because of the unusual use of the word's first ו—it is pronounced as "vo."

Good to Think About

The word mitzvot—מִצְוֺת—literally means "commandments." Mitzvot are not merely good deeds or suggestions, they are important obligations.

Practice Reading Together

1 אֲשֶׁר אַשְׁרֵי עֲלִיָּה אַהֲבָה וְלַעֲשׂוֹת אֲדוֹן
asher ashrei aliyah ahavah v'la'asot Adon

2 בְּמִצְוֺתָיו מִצְוֺת מִצְוָה מִצְוֺתַי מַצָּה מְצַוְּךָ
b'mitzvotav mitzvot mitzvah mitzvotai matzah m'tzav'cha

3 וְצִוָּנוּ צִוָּה יְצִיאַת צוּר בְּצֵאת צוּרֵנוּ
v'tzivanu tzivah y'tziyat tzur b'tzeit tzureinu

4 בְּמִצְוֺתֶיךָ לְבָבֶךָ יִמְלֹךְ הַמְבֹרָךְ בֵּיתֶךָ חֹשֶׁךְ
b'mitzvotecha l'vavecha yimloch ham'vorach beitecha ḥoshech

5 אֶחָד וּכְתַבְתָּם דּוֹר הַדְּבָרִים כָּבוֹד רַבָּה
eḥad uch'tavtam dor had'varim kavod rabah

6 עֵינֵינוּ עָלֵינוּ הָאָרֶץ צִיצִית עֵץ עָשָׂה
eineinu aleinu ha'aretz tzitzit eitz asah

STUDENT'S PAGE

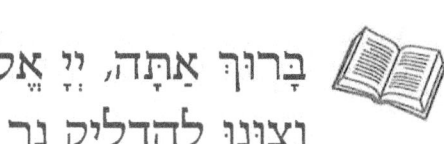

Student's Name _____ **Parent's Signature** _____

בָּרוּךְ אַתָּה, יְיָ אֱלֹהֵינוּ, מֶלֶךְ הָעוֹלָם, אֲשֶׁר קִדְּשָׁנוּ בְּמִצְוֹתָיו
וְצִוָּנוּ לְהַדְלִיק נֵר שֶׁל שַׁבָּת.
בָּרוּךְ אַתָּה, יְיָ אֱלֹהֵינוּ, מֶלֶךְ הָעוֹלָם, בּוֹרֵא פְּרִי הַגָּפֶן.
בָּרוּךְ אַתָּה, יְיָ אֱלֹהֵינוּ, מֶלֶךְ הָעוֹלָם, הַמּוֹצִיא לֶחֶם מִן הָאָרֶץ.

Vocabulary

of	שֶׁל	who brings forth	הַמּוֹצִיא
Shabbat	שַׁבָּת	bread	לֶחֶם
who creates	בּוֹרֵא	from	מִן
(the) fruit (of)	פְּרִי	the earth	הָאָרֶץ
the vine	הַגָּפֶן	to light	לְהַדְלִיק
		a light, candle	נֵר

Practice Reading Together

1. בְּמִצְוֹתָיו וְצִוָּנוּ מִצְוֹתַי יְצִיאַת צִיצִית מִצְוָה
2. לְהַדְלִיק קִדְּשָׁנוּ קָדוֹשׁ בַּקֹּדֶשׁ וְקַיָּם קַדִּישׁ
3. הָאָרֶץ עָלֵינוּ בְּדִבְרֵי הִתְרַצָּה בְּמִצְוֹתֶיךָ

Practice Makes Perfect

Using the vocabulary list above, write Hebrew words and their English meanings for the following:

Two words that start with the letter ל:　　　　Two words that start with the letter שׁ:

English	Hebrew	English	Hebrew
_____	ל_____	_____	שׁ_____
_____	ל_____	_____	שׁ_____

Hineni 1 Family Companion

PARENT'S PAGE *B'rachot shel Shabbat* • בְּרָכוֹת שֶׁל שַׁבָּת

בָּרוּךְ אַתָּה, יְיָ אֱלֹהֵינוּ, מֶלֶךְ הָעוֹלָם, אֲשֶׁר קִדְּשָׁנוּ

Baruch atah, Adonai Eloheinu, Melech ha'olam, asher kid'shanu

Praised are You, Adonai our God, Ruler of the world, who makes us holy

בְּמִצְוֺתָיו וְצִוָּנוּ לְהַדְלִיק נֵר שֶׁל שַׁבָּת.

b'mitzvotav v'tzivanu l'hadlik neir shel shabat.

with commandments and commands us to light the Sabbath light (candles).

בָּרוּךְ אַתָּה, יְיָ אֱלֹהֵינוּ, מֶלֶךְ הָעוֹלָם, בּוֹרֵא פְּרִי הַגָּפֶן.

Baruch atah, Adonai Eloheinu, Melech ha'olam, borei p'ri hagafen.

Praised are You, Adonai our God, Ruler of the world, who creates the fruit of the vine.

בָּרוּךְ אַתָּה, יְיָ אֱלֹהֵינוּ, מֶלֶךְ הָעוֹלָם, הַמּוֹצִיא לֶחֶם מִן הָאָרֶץ.

Baruch atah, Adonai Eloheinu, Melech ha'olam, hamotzi leḥem min ha'aretz.

Praised are You, Adonai our God, Ruler of the world, who brings forth bread from the earth.

Good to Think About

It is customary to light two candles to welcome Shabbat—a reminder of the dual commandments to "remember Shabbat" and to "observe Shabbat." Our sages tell us that only one candle is *required*, however. For that reason, the word for "light" or "candle" in the blessing, *neir*—נֵר, is singular.

Practice Reading Together

1. בְּמִצְוֺתָיו *b'mitzvotav* · וְצִוָּנוּ *v'tzivanu* · מִצְוֺתַי *mitzvotai* · יְצִיאַת *y'tzi'at* · צִיצִית *tzitzit* · מִצְוָה *mitzvah*
2. לְהַדְלִיק *l'hadlik* · קִדְּשָׁנוּ *kid'shanu* · קִדּוּשׁ *kidush* · בַּקֹּדֶשׁ *bakodesh* · וְקַיָּם *v'kayam* · קַדִּישׁ *kadish*
3. הָאָרֶץ *ha'aretz* · עָלֵינוּ *aleinu* · בְּדִבְרֵי *b'divrei* · הִתְרַצֵּה *hitratzeh* · בְּמִצְוֺתֶיךָ *b'mitzvotecha*

Discuss as a Family

In the *Hamotzi*—הַמּוֹצִיא—we thank God for bringing bread from the earth. Discuss how we are partners with God in making this process possible. How does bread get from the earth to your kitchen table? Who is involved in this process?

STUDENT'S PAGE

הַבְדָּלָה 13

Student's Name ______________________ **Parent's Signature** ______________________

בָּרוּךְ אַתָּה, יְיָ אֱלֹהֵינוּ, מֶלֶךְ הָעוֹלָם, בּוֹרֵא פְּרִי הַגָּפֶן.

בָּרוּךְ אַתָּה, יְיָ אֱלֹהֵינוּ, מֶלֶךְ הָעוֹלָם, בּוֹרֵא מִינֵי בְשָׂמִים.

בָּרוּךְ אַתָּה, יְיָ אֱלֹהֵינוּ, מֶלֶךְ הָעוֹלָם, בּוֹרֵא מְאוֹרֵי הָאֵשׁ.

בָּרוּךְ אַתָּה, יְיָ, הַמַּבְדִּיל בֵּין קֹדֶשׁ לְחוֹל.

Practice Reading Together

1 אֱלֹהֵינוּ בּוֹרֵא מֶלֶךְ הָעוֹלָם הַגָּפֶן פְּרִי
2 הַשְּׁבִיעִי לָעַמִּים קֹדֶשׁ בֵּין הַמַּבְדִּיל לְחוֹל
3 הַגָּדוֹל זָן בַּעֲבוּר שְׁמוֹ לְכֹל וּמְפַרְנֵס
4 בְּרִיּוֹתָיו וּמֵטִיב וּמֵכִין מָזוֹן לְכָל בָּרָא
5 הַמַּעֲשֶׂה אַתֶּם אֶת לְשֵׁשֶׁת אֱלֹהִים

Practice Makes Perfect

Write the endings to the first three Havdalah blessings.

בָּרוּךְ אַתָּה, יְיָ אֱלֹהֵינוּ, ______________________.

בָּרוּךְ אַתָּה, יְיָ אֱלֹהֵינוּ, ______________________.

בָּרוּךְ אַתָּה, יְיָ אֱלֹהֵינוּ, ______________________.

PARENT'S PAGE

Havdalah • הַבְדָּלָה

בָּרוּךְ אַתָּה, יְיָ אֱלֹהֵינוּ, מֶלֶךְ הָעוֹלָם, בּוֹרֵא פְּרִי הַגָּפֶן.

Baruch atah, Adonai Eloheinu, Melech ha'olam, borei p'ri hagafen.

Praised are You, Adonai our God, Ruler of the world, who creates the fruit of the vine.

בָּרוּךְ אַתָּה, יְיָ אֱלֹהֵינוּ, מֶלֶךְ הָעוֹלָם, בּוֹרֵא מִינֵי בְשָׂמִים.

Baruch atah, Adonai Eloheinu, Melech ha'olam, borei minei v'samim.

Praised are You, Adonai our God, Ruler of the world, who creates the varieties of spice.

בָּרוּךְ אַתָּה, יְיָ אֱלֹהֵינוּ, מֶלֶךְ הָעוֹלָם, בּוֹרֵא מְאוֹרֵי הָאֵשׁ.

Baruch atah, Adonai Eloheinu, Melech ha'olam, borei m'orei ha'eish.

Praised are You, Adonai our God, Ruler of the world, who creates the fiery lights.

בָּרוּךְ אַתָּה, יְיָ, הַמַּבְדִּיל בֵּין קֹדֶשׁ לְחוֹל.

Baruch atah, Adonai, hamavdil bein kodesh l'ḥol.

Praised are You, Adonai, who separates the holy from the everyday.

Good to Think About

As we say goodbye to Shabbat on Saturday night, the prayers of Havdalah—הַבְדָּלָה—affect all of our senses. We smell the spices, we see the candle and feel its heat, we taste the wine, and we hear voices singing. In some families, it is the custom to pour wine into the Kiddush cup until it overflows, symbolizing our hope for abundance and goodness in the week to come.

Practice Reading Together

1 אֱלֹהֵינוּ בּוֹרֵא מֶלֶךְ הָעוֹלָם הַגָּפֶן פְּרִי

p'ri hagafen ha'olam Melech borei Eloheinu

2 הַשְּׁבִיעִי לָעַמִּים קֹדֶשׁ בֵּין הַמַּבְדִּיל לְחוֹל

l'ḥol hamavdil bein kodesh la'amim hash'vi'i

3 הַגָּדוֹל זָן בַּעֲבוּר שְׁמוֹ לְכֹל וּמְפַרְנֵס

um'farneis l'chol sh'mo ba'avur zan hagadol

4 בְּרִיּוֹתָיו וּמֵטִיב וּמֵכִין מָזוֹן לַכֹּל בָּרָא

bara lakol mazon umeichin umeitiv b'riyotav

STUDENT'S PAGE

בְּרָכוֹת שֶׁל רֹאשׁ הַשָּׁנָה

14

Student's Name ______________________ **Parent's Signature** ______________________

בָּרוּךְ אַתָּה, יְיָ אֱלֹהֵינוּ, מֶלֶךְ הָעוֹלָם, בּוֹרֵא פְּרִי הָעֵץ.

בָּרוּךְ אַתָּה, יְיָ אֱלֹהֵינוּ, מֶלֶךְ הָעוֹלָם, אֲשֶׁר קִדְּשָׁנוּ בְּמִצְוֹתָיו
וְצִוָּנוּ לִשְׁמֹעַ קוֹל שׁוֹפָר.

Vocabulary

fruit	פְּרִי
tree	עֵץ
shofar	שׁוֹפָר

Practice Reading Together

1 בּוֹרֵא וּבוֹרֵא בְּשָׂמִים בְּצֵאת וּבְטוּבוֹ וּבְרַחֲמִים
2 פְּרִי פְּלֵיטַת וּמְפַרְנֵס הַגָּפֶן אֲפִיקוֹמָן הַפְטָרָה
3 לִשְׁמֹעַ לְהַדְלִיק לְעוֹלָם לְפָנֶיךָ לְבָבְךָ לְחַיִּים
4 קוֹל כֹּל בְּכָל קִדְּשָׁנוּ הַכֹּל כֻּלּוֹ
5 שׁוֹפָר שֶׁהֶחֱיָנוּ מְשִׁיחֶךָ שָׁלַח בִּשְׁלוֹמֶךָ שִׂמְחַת

Practice Makes Perfect

Fill in the missing letters with either an ע or a צ.

הָ___ֵץ

וְ___ִוָּנוּ

הָ___וֹלָם

בְּמִ___ְוֹתָיו

לִשְׁמֹ___ַ

PARENT'S PAGE *B'rachot shel Rosh Hashanah* • בְּרָכוֹת שֶׁל רֹאשׁ הַשָּׁנָה

בָּרוּךְ אַתָּה, יְיָ אֱלֹהֵינוּ, מֶלֶךְ הָעוֹלָם, בּוֹרֵא פְּרִי הָעֵץ.

Baruch atah, Adonai Eloheinu, Melech ha'olam, borei p'ri ha'eitz.

Praised are You, Adonai our God, Ruler of the world, who creates the fruit of the tree.

בָּרוּךְ אַתָּה, יְיָ אֱלֹהֵינוּ, מֶלֶךְ הָעוֹלָם,

Baruch atah, Adonai Eloheinu, Melech ha'olam,

Praised are You, Adonai our God, Ruler of the world,

אֲשֶׁר קִדְּשָׁנוּ בְּמִצְוֹתָיו וְצִוָּנוּ לִשְׁמֹעַ קוֹל שׁוֹפָר.

asher kid'shanu b'mitzvotav v'tzivanu lishmo'a kol shofar.

who makes us holy with commandments and commands us to hear the sound of the shofar.

Good to Think About

On Rosh Hashanah, we enjoy apples dipped in honey after reciting the first *b'rachah* above, to symbolize the sweet year that we hope lies ahead.

Practice Reading Together

1 בּוֹרֵא וּבוֹרֵא בְשָׂמִים בְּצֵאת וּבְטוּבוֹ וּבְרַחֲמִים

borei uvorei v'samim b'tzeit uv'tuvo uv'raḥamim

2 פְּרִי פְּלֵיטַת וּמְפַרְנֵס הַגָּפֶן אֲפִיקוֹמָן הַפְטָרָה

p'ri p'leitat um'farneis hagafen afikoman haftarah

3 לִשְׁמֹעַ לְהַדְלִיק לְעוֹלָם לְפָנֶיךָ לְבָבְךָ לְחַיִּים

lishmo'a l'hadlik l'olam l'fanecha l'vav'cha l'ḥayim

4 קוֹל כֹּל בְּכָל קַדְּשֵׁנוּ הַכֹּל כֻּלּוֹ

kol kol b'chol kadsheinu hakol kulo

5 שׁוֹפָר שֶׁהֶחֱיָנוּ מְשִׁיחֶךָ שָׁלַח בִּשְׁלוֹמֶךָ שִׂמְחַת

shofar sheheḥeyanu m'shiḥecha shalaḥ bishlomecha simḥat

Discuss as a Family

Our tradition teaches us that the blast of the shofar can be compared to a wake-up call. How is being awakened for the new year different than waking from a night's sleep? How is it the same?

STUDENT'S PAGE

15 בְּרָכוֹת שֶׁל סוּכּוֹת

Student's Name ______________________ **Parent's Signature** ______________________

בָּרוּךְ אַתָּה, יְיָ אֱלֹהֵינוּ, מֶלֶךְ הָעוֹלָם, אֲשֶׁר קִדְּשָׁנוּ בְּמִצְוֹתָיו
וְצִוָּנוּ לֵישֵׁב בַּסֻּכָּה.

בָּרוּךְ אַתָּה, יְיָ אֱלֹהֵינוּ, מֶלֶךְ הָעוֹלָם, אֲשֶׁר קִדְּשָׁנוּ בְּמִצְוֹתָיו
וְצִוָּנוּ עַל נְטִילַת לוּלָב.

Vocabulary

in the sukkah	בַּסֻּכָּה
lulav	לוּלָב

Practice Reading Together

1 קִדְּשָׁנוּ תַּעֲנִיתֵנוּ וְצִוָּנוּ אֱלֹהֵינוּ וּקֵרַבְתָּנוּ וּבְקוּמֵנוּ
2 בְּמִצְוֹתָיו הָאָרֶץ צִיצִית הַמּוֹצִיא צִוָּה יְצִיאַת
3 לֵישֵׁב לְשָׁלוֹם לְהוֹדוֹת לְאוֹת לְבָבְךָ לְבָנֶיךָ
4 בַּסֻּכָּה בְּאַהֲבָה בָּאֵלִם בּוֹרֵא בִּינָה בְּפִי
5 עַל לוּלָב עָלֵינוּ לִיצִיאַת לְעַם עוֹלָמִים

Practice Makes Perfect

Complete the *b'rachot* for:

Dwelling in the sukkah:

וְצִוָּנוּ ______________________.

Shaking the lulav:

וְצִוָּנוּ ______________________.

PARENT'S PAGE *B'rachot shel Sukkot* • בְּרָכוֹת שֶׁל סֻכּוֹת

בָּרוּךְ אַתָּה, יְיָ אֱלֹהֵינוּ, מֶלֶךְ הָעוֹלָם, אֲשֶׁר קִדְּשָׁנוּ בְּמִצְוֹתָיו
וְצִוָּנוּ לֵישֵׁב בַּסֻּכָּה.

Baruch atah, Adonai Eloheinu, Melech ha'olam, asher kid'shanu b'mitzvotav v'tzivanu leisheiv basukah.

Praised are You, Adonai our God, Ruler of the world, who makes us holy with commandments and commands us to sit in the sukkah.

בָּרוּךְ אַתָּה, יְיָ אֱלֹהֵינוּ, מֶלֶךְ הָעוֹלָם, אֲשֶׁר קִדְּשָׁנוּ בְּמִצְוֹתָיו
וְצִוָּנוּ עַל נְטִילַת לוּלָב.

Baruch atah, Adonai Eloheinu, Melech ha'olam, asher kid'shanu b'mitzvotav v'tzivanu al n'tilat lulav.

Praised are You, Adonai our God, Ruler of the world, who makes us holy with commandments and commands us to shake the lulav.

Good to Think About

The Torah tells us that after Moses led the Israelites out of Egypt, they wandered for forty years in the desert before reaching the Land of Israel. Each time they settled in a new place, they set up *sukkot*—temporary huts—to protect them from the burning sun and from cold desert nights.

Practice Reading Together

1 קִדְּשָׁנוּ תַּעֲנִיתֵנוּ וְצִוָּנוּ אֱלֹהֵינוּ וְקֵרַבְתָּנוּ וּבְקוּמֵנוּ
kid'shanu ta'aniteinu v'tzivanu Eloheinu v'keiravtanu uv'kumeinu

2 בְּמִצְוֹתָיו הָאָרֶץ צִיצִית הַמּוֹצִיא צִוָּה יְצִיאַת
b'mitzvotav ha'aretz tzitzit hamotzi tzivah y'tzi'at

3 לֵישֵׁב לְשָׁלוֹם לְהוֹדוֹת לְאוֹת לְבָבְךָ לְבָנֶיךָ
leisheiv l'shalom l'hodot l'ot l'vav'cha l'vanecha

4 בַּסֻּכָּה בְּאַהֲבָה בָּאֵלִם בּוֹרֵא בִּינָה בְּפִי
basukah b'ahavah ba'eilim borei binah b'fi

5 עַל לוּלָב עָלֵינוּ לִיצִיאַת לְעָם עוֹלָמִים
al lulav aleinu litzi'at l'am olamim

Discuss as a Family

On Sukkot, it is a tradition to invite special "guests" called *ushpizin* to join us in the sukkah. These guests are our biblical ancestors: Abraham, Isaac, Jacob, Joseph, Moses, Aaron, and David. Many people also include Sarah, Rebecca, Rachel, Leah, Miriam, Ruth, and Esther. With your family, choose one or two *ushpizin* and think of questions you might ask them.

STUDENT'S PAGE

בִּרְכוֹת שֶׁל חֲנֻכָּה

16

Student's Name _____   **Parent's Signature** _____

בָּרוּךְ אַתָּה, יְיָ אֱלֹהֵינוּ, מֶלֶךְ הָעוֹלָם, אֲשֶׁר קִדְּשָׁנוּ בְּמִצְוֹתָיו וְצִוָּנוּ לְהַדְלִיק נֵר שֶׁל חֲנֻכָּה.

בָּרוּךְ אַתָּה, יְיָ אֱלֹהֵינוּ, מֶלֶךְ הָעוֹלָם, שֶׁעָשָׂה נִסִּים לַאֲבוֹתֵינוּ בַּיָּמִים הָהֵם בַּזְּמַן הַזֶּה.

On the first night of Ḥanukkah:

בָּרוּךְ אַתָּה, יְיָ אֱלֹהֵינוּ, מֶלֶךְ הָעוֹלָם, שֶׁהֶחֱיָנוּ וְקִיְּמָנוּ וְהִגִּיעָנוּ לַזְּמַן הַזֶּה.

Vocabulary

at this season, at this time	בַּזְּמַן הַזֶּה	Ḥanukkah	חֲנֻכָּה
who has given us life	שֶׁהֶחֱיָנוּ	miracles	נִסִּים

Practice Reading Together

1. וְצַדְּקֵנוּ לַאֲבוֹתֵינוּ לְבָבְךָ לֶחֶם לְמַעֲשֵׂה לְעוֹלָם
2. חֲנֻכָּה חֹשֶׁךְ חַיִּים וְקִיְּמָנוּ וְהִגִּיעָנוּ וְאָהַבְתָּ
3. הָהֵם הַמּוֹצִיא הָאֲדָמָה הַמְבֹרָךְ הַזֶּה הַמְּאוֹרוֹת

Practice Makes Perfect

Match each Hebrew word with its meaning.

at this season, at this time	חֲנֻכָּה
who has given us life	נִסִּים
miracles	בַּזְּמַן הַזֶּה
Ḥanukkah	שֶׁהֶחֱיָנוּ

Hineni 1 Family Companion

PARENT'S PAGE — B'rachot shel Ḥanukah • בְּרָכוֹת שֶׁל חֲנֻכָּה

בָּרוּךְ אַתָּה, יְיָ אֱלֹהֵינוּ, מֶלֶךְ הָעוֹלָם, אֲשֶׁר קִדְּשָׁנוּ

Baruch atah, Adonai Eloheinu, Melech ha'olam, asher kid'shanu
Praised are You, Adonai our God, Ruler of the world, who makes us holy

בְּמִצְוֹתָיו וְצִוָּנוּ לְהַדְלִיק נֵר שֶׁל חֲנֻכָּה.

b'mitzotav v'tzivanu l'hadlik neir shel ḥanukah.
with commandments and commands us to light the Hanukkah candles.

בָּרוּךְ אַתָּה, יְיָ אֱלֹהֵינוּ, מֶלֶךְ הָעוֹלָם,

Baruch atah, Adonai Eloheinu, Melech ha'olam,
Praised are You, Adonai our God, Ruler of the world,

שֶׁעָשָׂה נִסִּים לַאֲבוֹתֵינוּ בַּיָּמִים הָהֵם בַּזְּמַן הַזֶּה.

she'asah nisim la'avoteinu bayamim haheim bazman hazeh.
who made miracles for our ancestors long ago, at this season.

Said on the first night of Hanukkah:

בָּרוּךְ אַתָּה, יְיָ אֱלֹהֵינוּ, מֶלֶךְ הָעוֹלָם, שֶׁהֶחֱיָנוּ וְקִיְּמָנוּ וְהִגִּיעָנוּ לַזְּמַן הַזֶּה.

Baruch atah, Adonai Eloheinu, Melech ha'olam, sheheḥeyanu, v'kiy'manu, v'higi'anu lazman hazeh.
Praised are You, Adonai our God, Ruler of the world, who has given us life, sustained us, and enabled us to reach this time.

Helpful Hints

The *Sheheḥeyanu*—שֶׁהֶחֱיָנוּ—can be a tongue-twisting prayer. Practice it slowly, keeping in mind that three consecutive words end with the suffix נוּ: שֶׁהֶחֱיָנוּ וְקִיְּמָנוּ וְהִגִּיעָנוּ.

Practice Reading Together

1. וְצַדְּקֵנוּ לַאֲבוֹתֵינוּ לְבָבְךָ לֶחֶם לְמַעֲשֵׂה לְעוֹלָם
   v'tzad'keinu — la'avoteinu — l'vav'cha — lehem — l'ma'aseih — l'olam

2. חֲנֻכָּה חֹשֶׁךְ חַיִּים וְקִיְּמָנוּ וְהִגִּיעָנוּ וְאָהַבְתָּ
   ḥanukah — ḥoshech — ḥayim — v'kiy'manu — v'higi'anu — v'ahavta

3. הָהֵם הַמּוֹצִיא הָאֲדָמָה הַמְבָרַךְ הַזֶּה הַמְּאוֹרוֹת
   haheim — hamotzi — ha'adamah — ham'vorach — hazeh — ham'orot

www.behrmanhouse.com/family

STUDENT'S PAGE

בִּרְכוֹת שֶׁל פֶּסַח

Student's Name _____   **Parent's Signature** _____

Drinking the Wine

בָּרוּךְ אַתָּה, יְיָ אֱלֹהֵינוּ, מֶלֶךְ הָעוֹלָם, בּוֹרֵא פְּרִי הַגָּפֶן.

Eating a Green Vegetable

בָּרוּךְ אַתָּה, יְיָ אֱלֹהֵינוּ, מֶלֶךְ הָעוֹלָם, בּוֹרֵא פְּרִי הָאֲדָמָה.

Eating the Matzah

בָּרוּךְ אַתָּה, יְיָ אֱלֹהֵינוּ, מֶלֶךְ הָעוֹלָם, הַמּוֹצִיא לֶחֶם מִן הָאָרֶץ.

בָּרוּךְ אַתָּה, יְיָ אֱלֹהֵינוּ, מֶלֶךְ הָעוֹלָם, אֲשֶׁר קִדְּשָׁנוּ בְּמִצְוֹתָיו וְצִוָּנוּ עַל אֲכִילַת מַצָּה.

Eating Bitter Herbs

בָּרוּךְ אַתָּה, יְיָ אֱלֹהֵינוּ, מֶלֶךְ הָעוֹלָם, אֲשֶׁר קִדְּשָׁנוּ בְּמִצְוֹתָיו וְצִוָּנוּ עַל אֲכִילַת מָרוֹר.

Vocabulary

matzah	מַצָּה	the earth	הָאֲדָמָה
maror, bitter herbs	מָרוֹר	eating (of)	אֲכִילַת

Practice Makes Perfect

Connect the endings of these blessings to the matching food or drink.

wine	עַל אֲכִילַת מַצָּה
green vegetable	בּוֹרֵא פְּרִי הָאֲדָמָה
matzah (first blessing)	בּוֹרֵא פְּרִי הַגָּפֶן
matzah (second blessing)	עַל אֲכִילַת מָרוֹר
bitter herbs	הַמּוֹצִיא לֶחֶם מִן הָאָרֶץ

Hineni 1 Family Companion

PARENT'S PAGE   *B'rachot shel Pesaḥ* • בְּרָכוֹת שֶׁל פֶּסַח

Drinking the Wine

בָּרוּךְ אַתָּה, יְיָ אֱלֹהֵינוּ, מֶלֶךְ הָעוֹלָם, בּוֹרֵא פְּרִי הַגָּפֶן.

Baruch atah, Adonai Eloheinu, Melech ha'olam, borei p'ri hagafen.
Praised are You, Adonai our God, Ruler of the world, who creates the fruit of the vine.

Eating a Green Vegetable

בָּרוּךְ אַתָּה, יְיָ אֱלֹהֵינוּ, מֶלֶךְ הָעוֹלָם, בּוֹרֵא פְּרִי הָאֲדָמָה.

Baruch atah, Adonai Eloheinu, Melech ha'olam, borei p'ri ha'adamah.
Praised are You, Adonai our God, Ruler of the world, who creates the fruit of the earth.

Eating the Matzah

בָּרוּךְ אַתָּה, יְיָ אֱלֹהֵינוּ, מֶלֶךְ הָעוֹלָם, הַמּוֹצִיא לֶחֶם מִן הָאָרֶץ.

Baruch atah, Adonai Eloheinu, Melech ha'olam, hamotzi leḥem min ha'aretz.
Praised are You, Adonai our God, Ruler of the world, who brings forth bread from the earth.

בָּרוּךְ אַתָּה, יְיָ אֱלֹהֵינוּ, מֶלֶךְ הָעוֹלָם, אֲשֶׁר קִדְּשָׁנוּ בְּמִצְוֹתָיו וְצִוָּנוּ עַל אֲכִילַת מַצָּה.

Baruch atah, Adonai Eloheinu, Melech ha'olam, asher kid'shanu b'mitzvotav v'tzivanu al achilat matzah.
Praised are You, Adonai our God, Ruler of the world, who makes us holy with commandments and commands us to eat matzah.

Eating Bitter Herbs

בָּרוּךְ אַתָּה, יְיָ אֱלֹהֵינוּ, מֶלֶךְ הָעוֹלָם, אֲשֶׁר קִדְּשָׁנוּ בְּמִצְוֹתָיו וְצִוָּנוּ עַל אֲכִילַת מָרוֹר.

Baruch atah, Adonai Eloheinu, Melech ha'olam, asher kid'shanu b'mitzvotav v'tzivanu al achilat maror.
Praised are You, Adonai our God, Ruler of the world, who makes us holy with commandments and commands us to eat bitter herbs.

Good to Think About

At the seder, we remember with a heavy heart the Egyptians who suffered and died. When we recite the ten plagues, we pour out a bit of our wine, thus reducing our joy.

www.behrmanhouse.com/family

STUDENT'S PAGE

קִדּוּשׁ

Shabbat as a Memory of Creation

Student's Name _____ Parent's Signature _____

בָּרוּךְ אַתָּה, יְיָ אֱלֹהֵינוּ, מֶלֶךְ הָעוֹלָם, בּוֹרֵא פְּרִי הַגָּפֶן.

בָּרוּךְ אַתָּה, יְיָ אֱלֹהֵינוּ, מֶלֶךְ הָעוֹלָם,
אֲשֶׁר קִדְּשָׁנוּ בְּמִצְוֹתָיו וְרָצָה בָנוּ,
וְשַׁבַּת קָדְשׁוֹ בְּאַהֲבָה וּבְרָצוֹן הִנְחִילָנוּ,
זִכָּרוֹן לְמַעֲשֵׂה בְרֵאשִׁית.

Vocabulary

sanctification	קִדּוּשׁ
memory	זִכָּרוֹן
work of creation	(לְ)מַעֲשֵׂה בְרֵאשִׁית

Practice Reading Together

1. קִדּוּשׁ קִדְּשָׁנוּ קָדְשׁוֹ קִדַּשְׁתָּ קָדְשְׁךָ מְקַדֵּשׁ
2. בְּמִצְוֹתָיו לְאַרְצֵנוּ מִצְוֹתַי וְצִוָּנוּ וְצַדְּקֵנוּ מְצֻוָּךְ
3. בַּיָּמִים בְּאַהֲבָה בֵּיתְךָ בְּכָל בִּזְמַן בַּשָּׁמַיִם
4. וּבְרָצוֹן וְשַׁבַּת וּבִקוּמֵנוּ וּבְטוּבוֹ וְקָרַבְתָּנוּ וּבְרַחֲמִים

Practice Makes Perfect

Look again at the Kiddush at the top of the page and complete the following activities:
- Circle the two words with the root קדשׁ, "holy."
- Draw a triangle around the word that means "memory."
- Draw a square around the word that means "and Shabbat."
- Underline the phrase that means "work of creation."

Hineni 1 Family Companion

Shabbat as a Memory of Creation

בָּרוּךְ אַתָּה, יְיָ אֱלֹהֵינוּ, מֶלֶךְ הָעוֹלָם, בּוֹרֵא פְּרִי הַגָּפֶן.

Baruch atah, Adonai Eloheinu, Melech ha'olam, borei p'ri hagafen.

Praised are You, Adonai our God, Ruler of the world, who creates the fruit of the vine.

בָּרוּךְ אַתָּה, יְיָ אֱלֹהֵינוּ, מֶלֶךְ הָעוֹלָם, אֲשֶׁר קִדְּשָׁנוּ בְּמִצְוֹתָיו
וְרָצָה בָנוּ,

Baruch atah, Adonai Eloheinu, Melech ha'olam, asher kid'shanu b'mitzvotav v'ratzah vanu,

Praised are You, Adonai our God, Ruler of the world, who makes us holy with commandments and takes delight in us.

וְשַׁבַּת קָדְשׁוֹ בְּאַהֲבָה וּבְרָצוֹן הִנְחִילָנוּ,

v'shabat kodsho b'ahava uv'ratzon hinḥilanu,

In God's love and favor God has made the holy Sabbath our heritage,

זִכָּרוֹן לְמַעֲשֵׂה בְרֵאשִׁית.

zikaron l'ma'aseih v'reishit.

as a memory of the work of creation.

Practice Reading Together

1	קִדּוּשׁ	קִדְּשָׁנוּ	קָדְשׁוֹ	קִדַּשְׁתָּ	קָדְשְׁךָ	מְקַדֵּשׁ
	kidush	*kid'shanu*	*kodsho*	*kidashta*	*kodsh'cha*	*m'kadeish*
2	בְּמִצְוֹתָיו	לְאַרְצֵנוּ	מִצְוֹתַי	וְצִוָּנוּ	וְצַדְּקֵנוּ	מְצַוְּךָ
	b'mitzvotav	*l'artzeinu*	*mitzvotai*	*v'tzivanu*	*v'tzad'keinu*	*m'tzav'cha*
3	בַּיָּמִים	בְּאַהֲבָה	בֵּיתֶךָ	בְּכָל	בִּזְמַן	בְשָׂמִים
	hayamim	*b'ahavah*	*beitecha*	*b'chol*	*bizman*	*v'samim*
4	וּבְרָצוֹן	וְשַׁבַּת	וּבְקוּמֵנוּ	וּבְטוּבוֹ	וְקֵרַבְתָּנוּ	וּבְרַחֲמִים
	uv'ratzon	*v'shabat*	*uv'kumeinu*	*uv'tuvo*	*v'keiravtanu*	*uv'raḥamim*

Discuss as a Family

As we race from one activity to another, it can be difficult to reflect on the ways we have chosen to live our lives. When we slow down, we can better judge what is important and what is not. Why do you think we are commanded to celebrate Shabbat every week, rather than once a year?

Shabbat as an Inheritance

Student's Name ______________________ **Parent's Signature** ______________________

כִּי הוּא יוֹם תְּחִלָּה לְמִקְרָאֵי קֹדֶשׁ,
זֵכֶר לִיצִיאַת מִצְרָיִם. כִּי בָנוּ בָחַרְתָּ
וְאוֹתָנוּ קִדַּשְׁתָּ מִכָּל הָעַמִּים, וְשַׁבַּת קָדְשְׁךָ בְּאַהֲבָה
וּבְרָצוֹן הִנְחַלְתָּנוּ.
בָּרוּךְ אַתָּה יְיָ, מְקַדֵּשׁ הַשַּׁבָּת.

Vocabulary

in (with) love	בְּאַהֲבָה	memory	זֵכֶר
and in (with) favor	וּבְרָצוֹן	going out from Egypt	(לִ)יצִיאַת מִצְרָיִם

Practice Reading Together

1 לְמִקְרָאֵי מְקַדֵּשׁ מִצְרָיִם מִכָּל מַעֲרִיב מָרוֹר
2 קֹדֶשׁ קִדַּשְׁתָּ קִדּוּשׁ קָדְשׁוֹ קִדְּשָׁנוּ קָדְשְׁךָ
3 בָנוּ בָחַרְתָּ וּבְרָצוֹן בְּאַהֲבָה בָּרוּךְ בַּיָּמִים
4 הִנְחַלְתָּנוּ הָעַמִּים הִנְחִילָנוּ הָעוֹלָם הַמּוֹצִיא הַמְבֹרָךְ

Practice Makes Perfect

Write the Hebrew word(s) that mean the following:

in (with) love ______________________

memory ______________________

and in (with) favor ______________________

going out from Egypt ______________________

Shabbat as an Inheritance

כִּי הוּא יוֹם תְּחִלָּה לְמִקְרָאֵי קֹדֶשׁ,

Ki hu yom t'ḥilah l'mikra'ei kodesh,
It is first among our holy days,

זֵכֶר לִיצִיאַת מִצְרָיִם. כִּי בָנוּ בָחַרְתָּ

zeicher litzi'at mitzrayim. Ki vanu vaḥarta
a memory of the going out from Egypt. You chose us

וְאוֹתָנוּ קִדַּשְׁתָּ מִכָּל הָעַמִּים, וְשַׁבַּת קָדְשְׁךָ בְּאַהֲבָה וּבְרָצוֹן הִנְחַלְתָּנוּ.

v'otanu kidashta mikol ha'amim. V'shabat kodsh'cha b'ahavah uv'ratzon hinḥaltanu.
from all the nations and You made us holy, and in (with) love and favor You have given us the Sabbath as a sacred inheritance.

בָּרוּךְ אַתָּה יְיָ, מְקַדֵּשׁ הַשַּׁבָּת.

Baruch atah, Adonai, m'kadeish hashabat.
Praised are You, Adonai, who makes the Sabbath holy.

Practice Reading Together

1	לְמִקְרָאֵי *l'mikra'ei*	מְקַדֵּשׁ *m'kadeish*	מִצְרָיִם *mitzrayim*	מִכָּל *mikol*	מַעֲרִיב *ma'ariv*	מָרוֹר *maror*
2	קֹדֶשׁ *kodesh*	קִדַּשְׁתָּ *kidashta*	קִדּוּשׁ *kidush*	קָדְשׁוֹ *kodsho*	קִדְּשָׁנוּ *kid'shanu*	קָדְשְׁךָ *kodsh'cha*
3	בָנוּ *vanu*	בָחַרְתָּ *vaḥarta*	וּבְרָצוֹן *uv'ratzon*	בְּאַהֲבָה *b'ahavah*	בָּרוּךְ *baruch*	בַּיָּמִים *bayamim*
4	הִנְחַלְתָּנוּ *hinḥaltanu*	הָעַמִּים *ha'amim*	הִנְחִילָנוּ *hinḥilanu*	הָעוֹלָם *ha'olam*	הַמּוֹצִיא *hamotzi*	הַמְבֹרָךְ *ham'vorach*

Discuss as a Family

When we think of inheritance, we usually think of something physical, like a house or money. Yet, the Kiddush speaks of Shabbat as an inheritance. How is this kind of inheritance different? Are there other nonphysical things you hope your children will inherit?